Norbert Landa

Verblüffende Tricks

Illustrationen von Hans-Jürgen Feldhaus

Ravensburger Buchverlag

3 2 98 97

Umschlag und Gestaltung: Hans-Jürgen Feldhaus
Redaktion: Elke Dannecker
Printed in Germany

ISBN 3-473-37485-7

Inhalt

Wetten, die man auf jeden Fall gewinnt!

Viel Spaß bei der Party!

Wetten, die man auf jeden Fall gewinnt!

Der Umfaller

Hier ein Trick, mit dem man die größten Angeber dazu bringt, klein beizugeben. „Ich kenne einen ganz besonderen Platz im Zimmer“, behauptest du. „Auf den kann ich jeden so hinstellen, daß er keine drei Sekunden lang auf dem rechten Bein stehen kann, ohne daß er weghüpft oder umfällt!“

„Und du stößt mich nicht um?“ fragt vielleicht der Angeber. Aber das kannst du mit gutem Gewissen verneinen, denn das Ganze funktioniert so:

Du stellst ihn an die Wand, so daß er mit der linken Schulter und dem linken Bein diese berührt. „Los“, sagst du. „Jetzt heb deinen rechten Fuß!“

Doch so sehr er sich auch anstrengt – sobald er den rechten Fuß heben will, fällt er um.

Der doppelte Ring

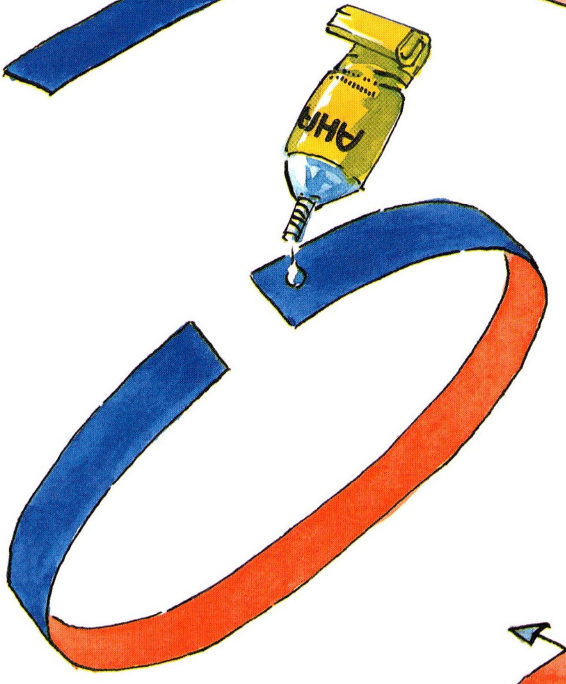

Für diesen erstaunlichen Trick brauchst du einen Papierstreifen (ca. 50 cm lang und 5 cm breit) und etwas Klebstoff. Den Streifen legst du zu einem Ring zusammen, verdrehst ein Ende und klebst den Streifen „falsch" zusammen, so daß an der Klebestelle die Vorderseite des Streifens auf die Rückseite trifft.

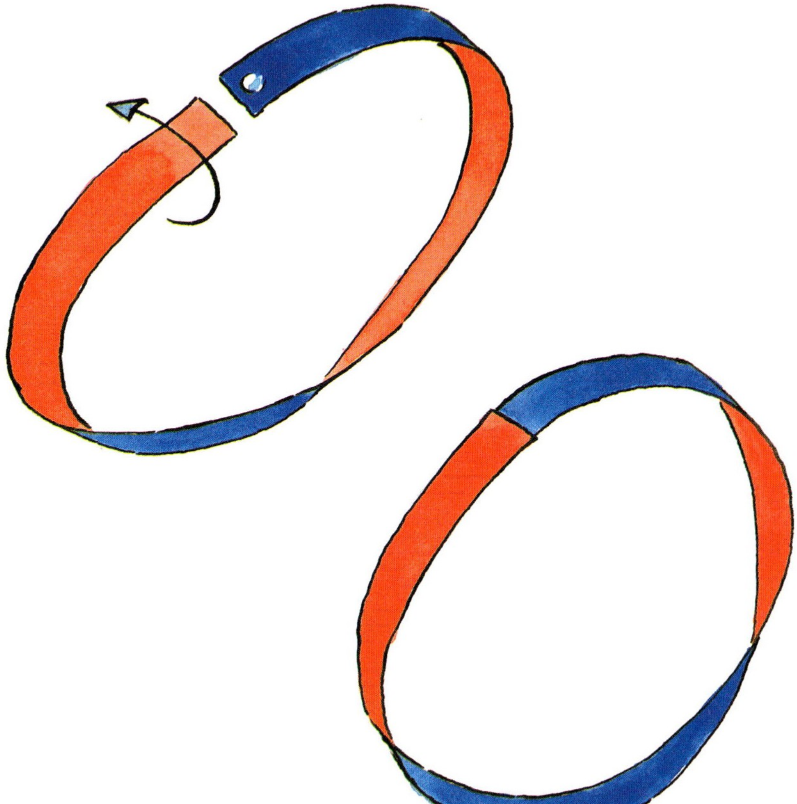

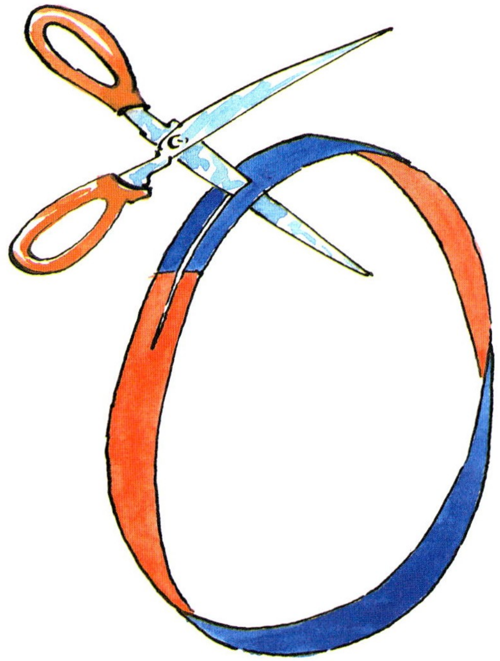

Zeige den Ring und frage deine Freunde, was wohl passiert, wenn du ihn der Länge nach aufschneidest.
„Ist doch klar!" sagen sie. „Dann gibt es zwei Ringe." „Nein", sagst du. „Dann gibt es einen doppelt so großen Ring. Wollen wir wetten?"
Und dann stichst du mit der Schere ein Loch in den Ring und schneidest ihn von hier aus in aller Ruhe der Länge nach auf. Alle warten gespannt darauf, daß er, wie jeder andere Papierring auch, in zwei Ringe zerfällt. Doch mit dem letzten Schnitt hast du plötzlich einen Riesenring in den Händen – und die Wette gewonnen.

Wie bringt man sechs Gläser auf die Reihe?

Für diesen Trick brauchst du nur Wasser und sechs Wassergläser. Drei Gläser sind voll, drei Gläser sind leer. Du stellst sie abwechselnd mal voll, mal leer in einer Reihe auf. Jetzt geht es darum, die Gläser so auf die Reihe zu bringen, daß alle vollen Gläser links und alle leeren Gläser rechts stehen. Das kann natürlich jeder. Man braucht bloß das zweite (leere) Glas von links mit dem fünften (vollen) Glas vertauschen.

Doch es geht noch viel einfacher.

„Man kann die Gläser auf die Reihe bringen", behauptest du, „ohne mehr als ein Glas zu berühren!"

Nachdem deine Freunde lange genug gerätselt haben, zeigst du ihnen, wie es geht: Du hebst das Glas Nr. Fünf, gießt das Wasser in das Glas Nr. Zwei und stellst das Glas Nr. Fünf zurück. Fertig!

Der Wassertrinker

Bei manchen Tricks liegt die Lösung so nahe, daß du deine Opfer unbedingt auf eine falsche Spur locken mußt, das heißt, sie müssen über Dinge nachgrübeln, die mit der Lösung des Problems gar nichts zu tun haben.
So wie bei diesem Trick:
Du füllst einen Pappbecher bis zur Hälfte mit Wasser und stellst ihn auf den Tisch. Einen zweiten Becher stellst du mit der Öffnung nach unten auf den Wasserbecher.

Nun bittest du deine Freunde, dir die Hände mit einer Schnur auf dem Rücken zu fesseln. Da stehst du nun mit gebundenen Händen und sagst: „Gebt mir 10 Sekunden. Dann habe ich das Wasser ausgetrunken!" Gehen deine Freunde auf die Wette ein – prima: denn dann kümmerst du dich nicht weiter um die Fesseln, sondern stößt mit der Nase den oberen Pappbecher weg, nimmst den Wasserbecher zwischen die Zähne und trinkst das Wasser vorsichtig aus. Fertig und gewonnen!

Der Taschentuch-Seiltrick

Mit einem einzigen Papiertaschentuch kannst du gleich zwei Wetten hintereinander gewinnen.

Wette 1:

Du zeigst das Papiertaschentuch deinen Freunden und behauptest, daß sie es unmöglich zerreißen können. Und wenn sie dir nicht glauben wollen, drehst du das Taschentuch so fest wie möglich zu einem Strick zusammen.

Es ist unmöglich, das Taschentuchtau zu zerreißen, ohne es wieder aufzudrehen. (Die einzelnen Fasern würden leicht reißen. Doch gemeinsam zur Schnur zusammengedreht, sind sie unglaublich stark.)

Du strengst dich dabei gar nicht besonders an. Tauche das Tau in Wasser und warte einfach ab. Nach einer halben Minute ist das Taschentuch so aufgeweicht, daß du es mühelos zerreißen kannst.

Wette 2:

Nun behauptest du, das Taschentuchtau zerreißen zu können, ohne es aufzudrehen. Natürlich glaubt dir niemand – deine Freunde haben es ja eben vergeblich versucht.

Der unmögliche Rollerballon

Für diesen Trick brauchst du einen Partner, mit dem du die Sache vorher geübt hast, und einen Luftballon. Und dann sucht ihr euch zwei ahnungslose Wettpartner aus.

Du bittest die beiden Opfer, sich Rücken an Rücken aufzustellen. Zwischen ihre Rücken klemmst du einen aufgeblasenen Luftballon. Sie sollen nun versuchen, sich so umzudrehen, daß sie mit eingeklemmtem Luftballon Brust an Brust stehen, ohne den Ballon fallen zu lassen oder die Hände zu Hilfe zu nehmen.

Das klingt ganz einfach. Ist es aber nicht. Sobald sich einer nur ein Stück um die eigene Achse dreht, fällt der Ballon zu Boden. Der Trick dabei ist: Man darf sich nicht um die Längsachse drehen, sondern um die Querachse. Das geht so:

Du gehst langsam in die Knie und der Ballon rollt mit.

Nun läßt du dich auf alle Viere nieder und kriechst rückwärts zwischen den gespreizten Beinen des Partners durch, während der Ballon stets langsam mitrollt.

Auf der anderen Seite erhebst du dich langsam und vorsichtig. Jetzt ist der Ballon zwischen deinem Gesicht und dem Bauch des Partners eingeklemmt.

Du stehst auf, und schließlich steht ihr euch Brust an Brust gegenüber – mit dem Ballon dazwischen. Gewonnen!

Das verheXte Blatt Papier

Mit diesem Trick kannst du wieder zwei Freunde auf einmal aufs Glatteis führen. Du brauchst dafür eine einzelne Zeitungsseite und einen Stift zum Malen.

Du breitest die Zeitungsseite auf dem Boden aus und bittest deine beiden Opfer, sich zusammen mit beiden Füßen auf das Papier zu stellen. Bitte sie, sich gegenseitig an die Nase zu fassen.

Das alles geht ganz leicht. Nun aber nimmst du das Blatt wieder hoch, malst drei Kreuze drauf und murmelst feierlich einige Zaubersprüche.

„So", sagst du. „Damit habe ich die Zeitung verhext. Wenn ihr euch nun mit beiden Füßen draufstellt, könnt ihr euch nicht mehr gegenseitig an die Nase fassen!"

Deine Freunde glauben das nicht?

Dann schiebst du die Zeitungsseite unter eine offene Tür in die Nähe der Türangel, und zwar so, daß sie auf beiden Seiten gleich weit herausschaut.

„Dann versucht es doch mal!" sagst du.

Das superstarke Streichholz

Bitte deinen Freund oder deine Freundin, die Finger auszustrecken. Lege ein Streichholz möglichst weit vorne auf den Mittelfinger. Zeigefinger und Ringfinger liegen darüber.

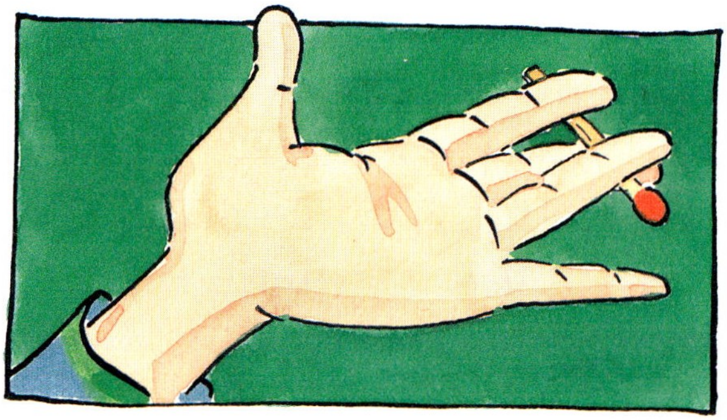

Können die ausgestreckten Finger das Streichholz zerbrechen?
Das können sie erstaunlicherweise nicht. Es ist völlig unmöglich.

Vielleicht glaubt dein Opfer, du hättest ein vorbereitetes, superstarkes Streichholz genommen. Dann beweist du das Gegenteil. Mit gekrümmten Fingern läßt sich das Streichholz nämlich ganz leicht durchbrechen. Der Grund: Bei ausgestreckten Fingern sind auch die Fingermuskeln gestreckt. In dieser Stellung haben sie sehr wenig Kraft.

Sobald man die Finger etwas krümmt, ziehen sich die Muskeln ein Stück zusammen und entfalten so ihre volle Stärke.

Der DOMINO Hellseher

Für den folgenden Hellseher-Trick brauchst du ein Dominospiel, Papier und Bleistift und zwei Dominospieler, die du in die Falle locken willst. Bevor es losgeht, hast du einen Dominostein aus dem Spiel geklaut und in deiner Tasche verschwinden lassen.

„Ich kann Gedanken lesen", behauptest du. „Wenn ihr ein Spiel fertig gespielt habt, weiß ich, welche Augenzahlen am Ende der Reihe liegen, und das obwohl ich während des Spiels nicht im Zimmer bin! Wollen wir wetten?"

Deine Opfer sind einverstanden. Du gehst aus dem Zimmer. Deine Freunde mischen die Steine ganz besonders gut. Sie spielen ihr Spiel, schreiben die beiden letzten Augenzahlen auf und drehen dann die Steine wieder um.

Jetzt kommst du zurück, schreibst die Augenzahlen auf, und ihr vergleicht die Notizen. Natürlich stimmen die Zahlen überein.

Wunder über Wunder! (Und in der allgemeinen Verwirrung schmuggelst du deinen geklauten Stein wieder ins Spiel – nur für den Fall, daß ein Schlaumeier auf die Idee kommt, die Steine nachzuzählen.)

Der ZAUBERzettel

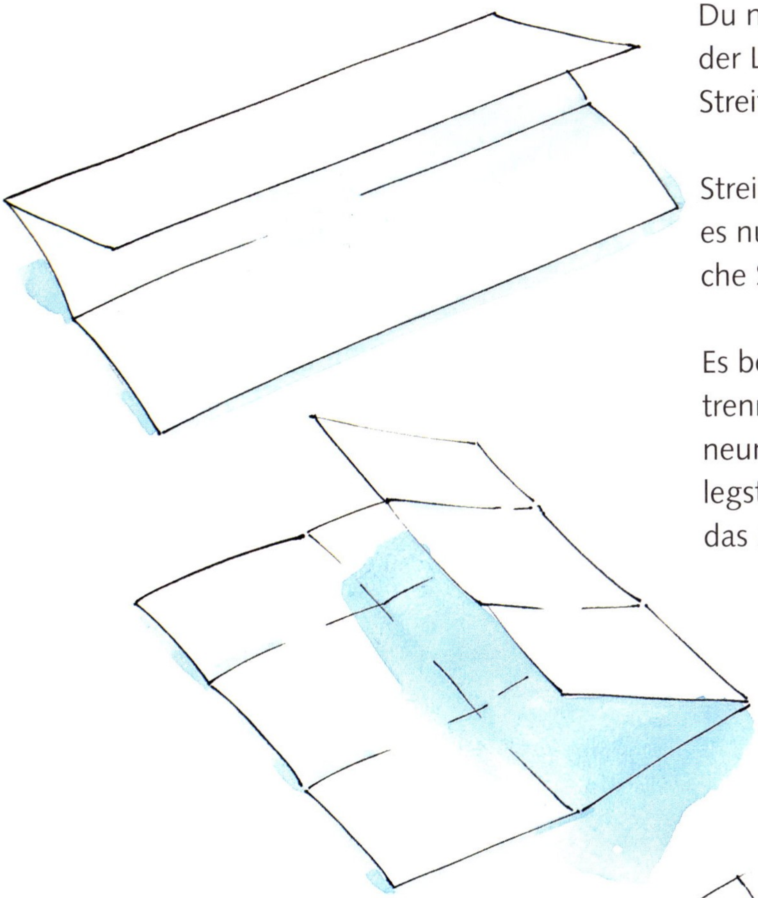

Du nimmst ein Blatt Papier und faltest es der Länge nach scharf in drei gleich große Streifen.

Streiche das Papier wieder glatt, und falte es nun der Breite nach wieder in drei gleiche Streifen.

Es besteht jetzt aus neun Feldern. Du trennst das Papier den Falz entlang in neun Zettel. Diese neun Papierkärtchen legst du auf einen Stapel. Gib acht, daß das Mittelstück obenauf liegt.

Und schon kann es losgehen. Jemand aus dem Publikum darf deine Fähigkeit als Gedankenleser testen. Bitte ihn, auf jedes Stück Papier ein anderes Wort zu schreiben und die Zettel in einen Hut zu werfen und gut durchzumischen.

Und jetzt erklärst du, du könntest herausfinden, welches Wort er als erstes aufgeschrieben hat. Leg ihm den Finger an die Schläfe. Mit der anderen Hand kramst du im Hut, ziehst einen Zettel heraus und liest das Wort laut vor. Natürlich ist es das richtige Wort – jenes, das als erstes aufgeschrieben wurde!

Woran du es erkannt hast?
Nun, alle Zettel außer einem haben mindestens einen scharfen Rand. Nur ein Zettel, nämlich der mittlere, hat vier unscharfe Ränder. Und genau dieser Zettel wurde als erster beschrieben.

Der schnelle Geldschein

Die folgende Wette solltest du erst eingehen, nachdem du diesen Trick gründlich geübt hast. Du brauchst dazu zwei Flaschen und einen Geldschein.
Die erste Flasche normal auf den Boden stellen. Bevor du die zweite Flasche mit dem Hals nach unten auf die erste Flasche stellst, wird der Geldschein am äußersten Rand dazwischen gelegt.
Rund um den Flaschenturm legst du am besten Handtücher aus.

Und nun bitte deine Freunde, den Geldschein zu entfernen, ohne die Flaschen zu berühren und ohne den Turm umzustoßen. „Ganz einfach", werden sie meinen, „man muß den Schein nur ganz schnell herauszupfen. Dann müßte die obere Flasche eigentlich stehenbleiben."
„Dann versucht es doch mal!" ist deine Antwort.

Doch so schnell deine Freunde auch anzupfen oder anziehen, die obere Flasche wird jedesmal herunterpurzeln.

Und jetzt zeigst du, wie's geht:
Mit Daumen und Zeigefinger der einen Hand hältst du den Geldschein möglichst weit außen fest. Mit der Handkante der anderen Hand schlägst du schnell von oben nach unten auf den Schein.

Zack – der Geldschein ist befreit, und der Flaschenturm steht immer noch.

Der Zauberknoten

Dies ist der einfachste Knotentrick der Welt:

Vor dir auf dem Tisch liegt ein etwa halbmeterlanges Stück Schnur oder Schuhband. Bitte deine Freundin oder deinen Freund, mit jeder Hand ein Ende zu ergreifen, eine Faust zu machen und einen Knoten zu knüpfen, ohne die Faust aufzumachen oder die Schnur loszulassen. Das klingt ganz einfach, doch wer den Trick nicht kennt, schafft es nie. Es ist ein herrlicher Anblick, wie sich dein Opfer dreht und windet und krümmt. Doch kein Knoten will in die Schnur.

„Geht nicht“, sagt dein Opfer.

„Geht doch!“ sagst du und führst es vor:

Verschränke einfach die Arme vor der Brust. Die rechte Hand greift über den linken Oberarm, während die linke Hand unter dem rechten Oberarm steckt.

Du beugst dich über die Schnur und nimmst das linke Ende der Schnur mit der rechten Hand und das rechte Ende mit der linken Hand. Nun breitest du die Arme aus, und du kannst zusehen, wie sich automatisch ein Knoten in die Schnur knüpft.

Viel Spaß bei der Party

Der Ruf der Toten

Bleistifte mit harter Mine machen dünne Linien, weiche Minen hinterlassen dicke Linien. Mehr mußt du nicht wissen, damit du zum größten Staunen des Publikums dem Ruf der Toten lauschen kannst ...
Du teilst das Publikum in zwei Gruppen ein. Jeder darf sich einen Zettel vom Block abreißen. Dann verteilst du die Bleistifte: Die eine Gruppe bekommt die weichen, die andere die harten Bleistifte. Nun erklärst du, worum es geht.
„Ich bin in der Lage, den Ruf der Toten zu vernehmen", verkündest du feierlich. „Wenn nämlich jemand gestorben ist, schwebt sein Geist durch die Welt. Und wenn ich seinen Namen rufe, meldet er sich bei mir!"
Niemand wird dir diesen Unsinn abkaufen. „Und ich kann es beweisen!" rufst du.
Du bittest die Gruppe mit den harten Bleistiften, auf ihre Zettel den Namen einer lebenden Person zu schreiben. Die anderen sollen Namen von Verstorbenen aufschreiben. Und alles in Blockschrift.
Die Zettel werden eingesammelt, kommen in einen Hut und werden gemischt. Und los geht es.
Ziehe einen Zettel nach dem anderen mit großer Gebärde heraus. Starre ihn an. Verkünde mit hohler Stimme den Namen und rufe „Meeelde diiich!" Warte eine Weile und lausche in die Stille. Dann verkündest du beim Namen einer lebendigen Person: „Ich höre dich nicht. Du lebst!" Handelt es sich aber um weiche Schrift, also um den Namen eines Verstorbenen, senkst du den Kopf und flüsterst: „Ich höre dich. Du weilst unter den Toten!"

Der Zauberer, der Eier legt

Dieses Kunststück mußt du vorbereiten. Besorge zuerst ein Ei und blase es aus.

Das ausgeblasene Ei wird in Essig gelegt. Nach zwei oder drei Tagen hat der Essig den Kalk der Eischale aufgelöst.

Zurück bleibt die feine, weiße Eihaut, die du vorsichtig wäschst und trocknen läßt. Diese Eihaut ist ein zähes, elastisches Gebilde, das sich zu einer Kugel knüllen läßt.

Du brauchst jetzt nur noch ein Stück Papier, das zusammengeknüllt genauso groß ist wie die Eikugel. Denn genau darauf beruht dein Trick.
Zur Vorstellung benötigst du außerdem einen Schreibstift, einen Tisch und ein Tuch. Das Eikügelchen klemmst du heimlich zwischen die Finger der linken Hand. Nun kann es losgehen.

Du kündigst an, aus Worten Dinge zu erschaffen. Zum Beweis bittest du jemanden aus dem Publikum, auf dieses Blatt Papier das Wort „Ei“ zu schreiben. Du nimmst das Blatt, knüllst es zu einem Papierkügelchen zusammen und legst es auf den Tisch. Darüber breitest du ein Tuch. Du murmelst einen Zauberspruch und faßt mit der linken Hand unter das Tuch.

Dabei läßt du das Eikügelchen fallen und klemmst dir das Papierkügelchen zwischen die Finger. Wenn du das Eikügelchen losläßt und hin und her rollst, bläht es sich auf und wird immer größer. Durch die beim Ausblasen entstandenen Löcher kann Luft einströmen. Jetzt ist es an der Zeit, das Tuch schwungvoll wegzuziehen. Und siehe da: Aus dem Wort „Ei", geschrieben auf Papier, ist tatsächlich ein Ei geworden!

Natürlich kein richtiges Ei, sondern ein eiförmiges weißes Gebilde. Deshalb solltest du die Zuschauer nicht zu lange gucken und staunen lassen. Breite schnell wieder dein Zaubertuch darüber.

Nun greifst du wieder unter das Tuch, drückst das Ei zusammen, verbirgst es in der hohlen Hand und läßt dafür das Papierkügelchen fallen.

Tuch weg – Ei fort. Statt dessen liegt hier wieder das Papierkügelchen. Wirf es mit der rechten Hand einem Zuschauer zu. (Die zusammengeknüllte Eihaut in der linken Hand kannst du bei dieser Gelegenheit verschwinden lassen.)

Und was steht auf dem Papier?

Natürlich das Wort „Ei". Murmeln, Staunen, Applaus.

Und so sehr die Zuschauer auch betteln: Diesen Trick wiederholst du auf keinen Fall!

Das verschwundene Gespenst

Mit diesem Trick zeigst du deinem Publikum, wie sich ein Geist in Luft auflösen kann. Das erfordert ein wenig Übung, aber dann funktioniert die Sache. Du brauchst dazu nichts weiter als ein Leintuch und eine offene Tür.
Dein Publikum befindet sich im Zimmer. Du nimmst dein Leintuch, gehst durch die sperrangelweit offene Tür aus dem Raum und drehst dich in der Tür wieder um.
Die Hände halten die beiden oberen Zipfel des Leintuchs hoch, und zwar knapp über Kopfhöhe.
Du stellst dich so in den Türrahmen, daß das Leintuch die ganze Breite der Tür abdeckt und bis zum Boden reicht. Die Zuschauer sehen nichts als das Tuch und die Hände, mit denen du das Tuch hochhältst. Sie sind überzeugt, daß du dahinter stehst.

Dort stehst du auch, aber nicht lange. Denn ohne die Hände zu bewegen, schiebst du dich möglichst weit nach links zur Seite. Mit der rechten Hand kannst du dich dabei gegen den Türrahmen stützen.
Nun kommt der entscheidende Moment:

Mit der Stützhand stößt du dich kräftig ab, läßt im gleichen Moment die Zipfel des Tuchs los und verschwindest zur Seite.

Wenn du schnell und geübt genug bist, bist du schon fort, bevor das Tuch zu Boden gefallen ist. Und die Zuschauer haben einen Geist gesehen, der sich, puff, in Luft aufgelöst hat!

Hände hoch

Dies ist ein wunderbarer Partyspaß: Erzähle den Gästen, daß im Haus ein Geist sein Unwesen treibt. Wenn du ihn mit den richtigen Zauberworten anrufst, hebt er den Leuten die Arme hoch.

Und wer das nicht glauben will, der darf es ausprobieren. Dazu muß sich er oder sie in eine offene Tür stellen und dann mit den Handrücken gegen den Türrahmen drücken. Und zwar so fest wie möglich und so lange, bis du mit deinem Zauberspruch fertig bist. Und schon geht es los.

Du zeichnest mit ausgestreckten Händen und starrem Blick gespenstische Kreise in die Luft, während du flüsternd im Raum herumgehst. (In Wirklichkeit zählst du bis sechzig.)

Nun ist es soweit. „Ich spüre den Geist!“ rufst du und bittest dein Opfer, sich in die Mitte des Zimmers zu stellen, die Arme locker hängen zu lassen und die Augen zu schließen.

Und was passiert? Wie von Geisterhand gehoben, wandern die Arme in die Luft! Natürlich ist kein Gespenst im Spiel. Die Muskeln haben sich beim Druck gegen den Türrahmen so an die Anspannung gewöhnt, daß sie mit der plötzlichen Leichtigkeit nicht zurecht kommen und hochsteigen. Wichtig ist, daß die Augen geschlossen bleiben. Sonst bemerkt das Opfer, was mit seinen Armen passiert.

Der Gedankenlesefinger

Manchmal brauchen sogar die besten Gedankenleser Helfer. Hier ist ein wunderbar einfacher Trick, der dich herausfinden läßt, an welche Zahl deine Freunde gedacht haben.

Du kündigst an, aus dem Zimmer zu gehen, und bittest deine Freunde, inzwischen eine Zahl zwischen eins und zehn auszusuchen. Du verläßt den Raum und läßt dich holen, sobald die Zahl klar ist. Nun bittest du deine Freunde, intensiv und mit aller Kraft an die ausgewählte Zahl zu denken. Jetzt gehst du von einem zum anderen, legst ihm oder ihr den Zeigefinger an die Schläfe und konzentrierst dich. Nachdem du alle berührt hast, nennst du die Zauberzahl. Und sie stimmt!

Wie das? Schuld daran ist dein Helfer. Er kennt ja die Zahl, und er verrät sie dir auf ganz geheime Weise. Wenn du ihm den Finger auf die Schläfe legst, drückt er die Zähne zusammen: einmal für die Eins, zweimal für die Zwei, und so weiter. Das sieht niemand – doch du kannst es mit dem Finger spüren. Beim Zusammenbeißen der Zähne setzt sich diese Muskelbewegung bis an die Schläfe fort. (Allerdings solltet ihr vorher ausprobieren, an welcher Stelle genau du die Schläfe berühren mußt.)

Deinen Freunden erzählst du natürlich etwas ganz anderes. Ihnen sagst du, daß dein Gedankenlesefinger Gehirnwellen akkumuliert.

Welche Farbe hat die Kreide?

Dann drehst du dich um und legst die rechte Hand auf den Rücken. Du läßt dir ein Kreidestück in die Hand drücken, ohne hinzugucken. Du betastest die Kreide sehr genau, drehst und wendest sie in der Hand.

Farben kann man sehen. Das ist klar. Aber kann man sie auch durch Betasten erkennen? „Natürlich!“ behauptest du. „Ich kann das!“ Und du kannst es tatsächlich beweisen.
Vor dir liegen Kreidestücke in verschiedenen Farben, zum Beispiel in Blau, Grün, Rot, Gelb und Weiß. Die rote Kreide legst du weg. „Keine rote Kreide“, sagst du. „Bei Rot funktioniert das nicht. Rot hat zu wenig Infra.“

Was die Zuschauer nicht bemerken, ist, daß du dabei mit dem Nagel des Zeigefingers etwas Farbe abkratzt. Danach wird die Kreide wieder zurückgelegt.

Wichtig dabei ist, daß du deinen Finger erst anguckst, wenn du mit ihm auf die Kreiden deutest. Wenn du den Finger vorher anstarrst, verrätst du den Trick. Und was hat die Sache mit dem Infra zu bedeuten? – Gar nichts. Damit bringst du deine Zuschauer bloß auf eine falsche Spur.
Und wenn dir ein Schlaumeier doch eine rote Kreide in die Hand gedrückt hatte, murmelst du später einfach: „Tut mir leid. Irgendwie schaffe ich das heute nicht." (Dieses Geständnis macht mächtig Eindruck!)

Jetzt drehst du dich um und schaust dir die Kreiden sorgfältig an. Strecke den Zeigefinger aus und berühre eine nach der anderen. Dabei kannst du die Kreidefarbe an deinem Fingernagel erkennen. Schließlich zeigst du auf die richtige Kreide. Während noch alle staunen, wischst du dir den Finger irgendwo ab, am besten in der Hosentasche.

Der Schwebepilot

Das Schweregefühl kann einem die verrücktesten Streiche spielen. Wer zum Beispiel nach längerer Zeit ein schweres Gewicht absetzt, hat das Gefühl, durch die Luft hüpfen zu können. Mit dem folgenden Trick kann man jemanden glauben machen, er schwebe, von vier Fingern getragen, durch die Luft.
Für diesen Versuch brauchst du eine mutige Versuchsperson und noch drei Assistenten. Der Pilot oder die Pilotin setzt sich aufrecht auf einen Stuhl und hält die ganze Zeit über die Augen geschlossen.
Du und deine Assistenten drücken mit aufeinandergelegten Händen auf den Kopf des Piloten, und ihr zählt dabei von zehn zurück bis null. Bei „Null“ nehmt ihr die Hände weg. Ihr streckt nun die Zeigefinger aus. Zwei Assistenten legen sie dem Piloten unter die Kniekehlen, die beiden anderen unter die Achseln.

Nun drückt ihr den „schwebenden Menschen“ mit den Fingern sanft hoch. Nichts scheint zu passieren. Der Pilot sitzt weiter steif und fest auf seinem Stuhl.

Aber er selbst hat das Gefühl, tatsächlich langsam in die Luft hochzuschweben. Dieses Gefühl kann so stark sein, daß der Pilot erschrocken die Augen aufreißt! Das können der Reihe nach alle ausprobieren. Und wer bei anderen schon gesehen hat, daß in Wirklichkeit gar nichts passiert, wird seinen Flug sogar genießen können.

Die Sitzkette

Die Sitzkette ist eine wunderbare Möglichkeit für eine Gruppe von Kindern, sich im Kreis bequem aufeinander zu setzen. Sie funktioniert umso besser, je mehr daran teilnehmen. Und sie ist am lustigsten, wenn Erwachsene staunend zugucken.
Am zweitschwierigsten ist das Hinsetzen. Am besten, ihr stellt euch zunächst hintereinander in einer Reihe auf.
Aus dieser Reihe macht ihr einen lückenlosen Kreis. Irgend jemand ist die Nummer 1 und setzt sich so hin, daß sich Nummer 2 auf die Knie von Nummer 1 setzen kann. Nummer 1 stützt sich inzwischen mit den Händen hinten auf dem Boden ab. Nummer 3 setzt sich auf die Knie von Nummer 2, Nummer 4 auf die Knie von Nummer 3, und so weiter – bis der Kreis geschlossen ist.

Nun endlich kann sich auch Nummer 1 auf die Knie seines Hintermannes oder seiner Hinterfrau setzen. Fertig ist der Sitzkreis. Er hält allerdings nur so lange, als alle mitmachen. Wenn auch nur einer von euch aufsteht, fallen alle anderen um.
Deshalb ist das Aufstehen auch der schwierigste Akt.

Das geht nämlich nur vorsichtig einer nach dem anderen. Nummer 1 fängt wieder an und greift zurück, um sich am Boden abzustützen. Nun kann sein Hintermann aufstehen, und so löst sich der Sitzkreis in umgekehrter Reihenfolge auf. Wenn alle anderen stehen, kann sich endlich auch Nummer 1 erheben.

Das dritte Bein

Dieser komische Trick eignet sich gut als Partyspaß, aber auch für kleinere Aufführungen. Wie staunen die Zuschauer, wenn da plötzlich jemand auf drei Beinen durch das Zimmer oder über die Bühne läuft!

Dazu brauchst du einen langen Mantel, zwei ähnliche Hosen, ein Paar Schuhe und einen dritten Schuh, der den anderen ähnlich sieht, einen längeren Stock

(der vom Boden bis unter deine Achsel reicht), altes Zeitungspapier und Bindfaden.

Stelle den Stock in einen Schuh und stopfe ihn fest mit Zeitungspapier aus. Der Schuh muß so fest sitzen, daß du ihn mit dem Stock anheben kannst.

Nun ziehst du dem Stock ein Hosenbein an. Das andere Hosenbein bindest du oben am Stock fest. Klemme das dritte Bein unter die Achsel und ziehe den Mantel an.
Und so geht das dritte Bein: Du faßt den Stock durch die Manteltasche hindurch an, hältst ihn fest und bewegst ihn beim Gehen mit.

Bei der Vorführung scheinst du nun auf drei Beinen zu laufen. Das linke und das mittlere Bein sind echt, und rechts marschiert das dritte Bein mit.
Vielleicht solltest du vor dem Spiegel etwas üben, ehe du vor die Zuschauer trittst.

Das einfach unmögliche Hemd

Wer Hemd und Jacke anhat und sein Hemd ausziehen möchte, muß zuerst einmal die Jacke ausziehen. Das ist vollkommen klar. Und jeder kann es ausprobieren: Mit einer Jacke an kommt man einfach nicht aus den Hemdärmeln und damit auch nicht aus dem Hemd.
Nur du allein schaffst es. Wetten?
Freilich geht das nur mit einem Trick. Zuvor nämlich mußt du dein Hemd auf etwas andere Art anziehen, nämlich so:

Du knöpfst ein möglichst weites Hemd ganz auf und legst es dir wie einen Umhang über die Schultern. Die drei obersten Kragenknöpfe werden zugeknöpft, so daß die Brust bedeckt ist. Das übrige Hemd hängt über dem Rücken, und die Hemdärmel hängen neben den Armen runter. Dann knöpfst du auch die Manschettenknöpfe an den Handgelenken zu, allerdings ohne wirklich in die Ärmel zu schlüpfen. Wenn du nun vorsichtig die Jacke anziehst und zuknöpfst, sieht es aus, als hättest du ein normales Hemd an.

Und jetzt kann es losgehen. Deine Freunde haben keine Ahnung, wie sonderbar du unter der Jacke bekleidet bist. Sie sehen ja nur den Kragen, den Brustlatz und die Manschetten.

Da knöpfst du seelenruhig die Ärmel auf. Dann die Kragenknöpfe. Und dann packst du dein Hemd hinten am Kragen und ziehst, und ziehst – und schon bist du aus dem Hemd geschlüpft und hast es in der Hand.

(Dies ist einer der Tricks, die man niemals, wirklich niemals wiederholen darf. Beim zweitenmal würden deine Freunde ganz genau hingucken, wie du dein Hemd anhast.)

Das Komische Baby

Bei diesem urkomischen Trick spielst du gemeinsam mit einem Partner oder einer Partnerin ein Baby. Das Beste daran: Alle Zuschauer ahnen, wie der Trick funktioniert – und müssen trotzdem lachen.
Ihr braucht einen Tisch mit großem Tischtuch, das bis zum Boden reicht, einen weiten Regenumhang eurer Größe und dazu noch Babykleidung: ganz kleine Gummistiefel und Babyhaube, Schnuller und Rassel. – Und so geht's:
Dein Partner zieht den Umhang an, setzt die Babyhaube auf, nimmt den Schnuller in den Mund, steckt die Hände in die kleinen Gummistiefel und stellt sich hinter den Tisch. Die Gummistiefel stehen auf dem Tisch. Du schlüpfst hinten mit in den Umhang und streckst die Arme durch die Armlöcher des Umhangs nach vorne. Die Zuschauer können nicht sehen, daß ihr zu zweit seid: Eure Beine sind vom Tischtuch verdeckt, und du selbst bist im Umhang versteckt. Alles, was das Publikum sieht, ist ein merkwürdig kurzes Baby im Regenmantel, das mit Gummistiefeln auf dem Tisch steht.

Und jetzt macht das komische Baby Rabatz. Es stampft mit den Füßen auf dem Tisch herum, quietscht und lacht und gibt merkwürdige Töne von sich, patscht in die Händchen und nuckelt am Schnuller. Du kannst dem Baby auch den Schnuller aus dem Mund nehmen und mit verstellter Stimme ein Kinderlied singen; das Baby macht die Mundbewegungen mit und tanzt dazu auf dem Tisch.
Besonders komisch wirkt das Baby, wenn die Zuschauer die Vorbereitungen nicht sehen können. Wenn es keinen Vorhang gibt, helfen vielleicht zwei Freunde, die Szene zuvor mit einem Leintuch zu verdecken.

Die rote Hand

Wenn die Nerven an Armen und Beinen zu lange und zu stark gedrückt werden, können die Signale nicht mehr an das Gehirn geschickt werden.
Es entsteht ein abscheulich taubes Gefühl, das jeder kennt, der zum Beispiel schon mal zu lange im Schneidersitz gehockt ist.
Mit einem kleinen, vollkommen ungefährlichen Trick kannst du erreichen, daß dein Freund oder deine Freundin so ein „abgestorbenes" Gefühl in den Fingern bekommt. Ihr legt beide die Hände flach aufeinander – Daumen auf Daumen, Zeigefinger auf Zeigefinger, kleiner Finger auf kleinen Finger. Beide Handrücken sind außen.

Bitte den Freund oder die Freundin, die beiden Handrücken zwischen Daumen und Zeigefinger der anderen Hand zu nehmen und auf und nieder zu streichen. Igitt! Wie sich das anfühlt!